UNA COLECCIÓN DE
POESÍA
Modesta

MILTON & HUGO L.L.C.
4407 Park Ave., Suite 5
Union City, NJ 07087, USA

Website: *www. miltonandhugo.com*
Hotline: *1- 888-778-0033*
Email: *info@miltonandhugo.com*

Ordering Information:
Quantity sales. Special discounts are granted to corporations, associations, and other organizations. For more information on these discounts, please reach out to the publisher using the contact information provided above.

Library of Congress Control Number:		2025913187
ISBN-13:	979-8-89285-576-1	[Paperback Edition]
	979-8-89285-577-8	[Hardback Edition]
	979-8-89285-575-4	[Digital Edition]

Rev. date: 05/19/2025

Maravíllate y piensa en tiempos más simples, cuando el amor era inmenso y divino, con o sin Dios.

Resumen

Imagina. Ahora no lo hagas. Maravíllate en un camino errante que se asombra a sí mismo hasta llegar al aburrimiento. La imaginación es clave para entender gran parte de lo que hace que algo funcione. Los sueños nos llevan a las nubes, la hierba suave nos invita al sueño, y seres traviesos bailan al primer plano, mientras una pelota roja se enfoca en la vista, y el sol nos roba el horizonte, y apenas tenemos la capacidad de preguntarnos por qué no parpadeamos ni cerramos nuestros ojos ardientes.

Hay experiencias por vivir en esta vida, reunidas por quienes recogen lo que perdurará; explosiones del pasado nos llevan solo hasta cierto punto, hasta que la luna debe ponerse y el sol roba nuestro tiempo de juego. Entonces, ¿qué son los sueños y qué es la naturaleza? ¿Cuáles son los caminos que fluyen y refluye? ¿Qué significa sentir orgullo por ser humano? Doy gracias al creador por haber nacido con la capacidad de llorar por una polilla, doy gracias al universo por cargar su propio peso sobre mí, pues ¿de qué otra manera sabría que existo si no es a través de los rápidos temblorosos del gozo y la melancolía? Dios y los santos allá arriba: el dolor que sentimos es crucial para nuestras extrapolaciones sobre por qué sabemos que existimos, tanto como el gozo en el que nos enredamos. ¿Qué es esto sino un clamor por las alegrías de una vida hechizada por la pena y ahogada de dicha, y la gratitud que alguien tan pequeño no podría posiblemente llevar más allá de la curva de su espalda; donde se sostienen todas las tensiones y colapsan los agobios.

De Mi Propia Naturaleza

En el principio, hubo silencio.
Los acontecimientos que siguieron fueron caos.
Tuvo lugar una inmensa transmogrificación.
La alusión del caos y el sueño de la vida.
Todo en la realidad tiene su punto de creación,
Y este aquí es el mío.
Donde una vez floté en silencio
Acariciado por el vacío,
No yaceré más como roca estéril.
Tomo demasiado de nuestros ancestros, los átomos.
Rasgo este silencio horrendo, abrazando lo audaz,
Al crear algo estupendo
Para enriquecer las vidas, jóvenes y viejas.

Todos tienen un comienzo,
Y este es el mío.
Puede que no lo comprendas,
Puede que no ahora,
Pero pronto lo verás,
Pronto merodearás
En el conocimiento como regalos que enganchan
Para mostrarte cómo uno crea:
Mundos, sistemas, galaxias, nebulosas y sonrisas,
Operando internamente, no empapados en sus entrañas.
Una voz silenciada que resuena contra la elección
Es muy parecida al cometa o asteroide que vino a toda velocidad
Y dio a la madre tierra un ceño femenino suspendido.

Ambos crecieron más fuertes cada año hecho por el hombre,
Aunque fueron silenciados y víctimas de burlas,
Siguieron adelante buscando paz
Hasta que un día, agotados, se dejaron caer, marchitos y terminados.
Hartos de las tonterías de casi todos.
Comenzaron a escribir, no por diversión,

Tales cosas solo se imaginan como una mercancía para unos pocos.
No, su tinta mancha en rojo,
Un suministro infinito que brota directo de su mente.
Sus venas como vías férreas,
Para que Quirón transporte a los muertos.
Sombras silueteadas avanzan rápido,
En silencio, se mantienen rígidas en acero,
Nuestras células trabajan sin cesar.
Donde una vez vivieron estos seres gentiles en Rye,
Pronto el conductor se agotará, así que
Bombean y bombean y bombean aún más
Hasta que todas sus palabras se hayan derramado
Haciéndolo más.

Un comienzo
Un medio
Un final.

Y este es el mío.

Oda al Sueño Encarnado

Acaríciame, dulce portador de sueños.
Abrázame, manos suaves que se deslizan
sobre el cuerpo—
Mi cuerpo. A veces te niego indebidamente durante días enteros.
Infinito es mi comportamiento imprudente y bullicioso.
Mi amado, intenté cerrar los ojos,
y hallé la mayoría de las noches colmadas
solo a través de tu ausencia.
Permanezco solo,
con ojos caídos,
brazos extendidos. Vacío.
Llena este espacio, un hueco en mi corazón
que tu alma podría acunar.
Encontremos prosperidad en el sueño dichoso y encantado.

Pero mis manos humanas son débiles,
el deseo arde con pasiones encendidas
como los fuegos del Tártaro;
tan prisionero como los Titanes,
entre muros formados de su propia carne.
Las frivolidades de mis realidades
me han consumido hasta volverme atroz.
Privado.
Monstruo de proporciones inmorales.
Y aún así, esta carne debilitada sigue deseando,
ser prisionera, y conspirar.

A tu lado pronto residiré,
y cuando por fin mis ojos comiencen a cerrarse—
un prado de trigo florecerá ante nosotros,
el horizonte brillará paz
en una mente desolada

Oh, Mi Prometido

Yo soy.
Me presento ante ti como un miserable empapado,
cubierto de barro, ya sin temor a lo desconocido.
Ocultando esas partes mías otorgadas al nacer.
Hoy se te pide, mientras el sol se eleva.
Te lo pido a ti, Oh Maravilloso Ser de la Creación,
que me arrancaste de mi pozo más oscuro.
Me oculté, olvidado,
reducido a nada más que la sombra del suelo.
Tú me mostraste misericordia desde la luz reluciente de la agonía.
Has insuflado vida en mí una vez más,
y no puedo permitir que este don, este regalo, se desperdicie.
Te serviré, te seguiré,
Mi Soberano, Mi Señor, Mi Faraón, Mi Sombra.
Mi Razón.
A ti te debo mi forma más profunda y vulnerable.
Tomaré incluso tu nombre sobre el mío.
Me desharé por ti.
Desenredaré mi carne,
me pelaré como la piel de una manzana,
reduciendo mi ser a su estado más débil—
Un corazón palpitante, y dos testículos.

Soneto de Rebellium

Sobre una solitaria caja de jabón se alzaron.
Rengo y lisiado, uno cojea y clama fuerte:
"¡Cosechemos lo que Madre Tierra nos ha dado!
¡Oculto está este montón de la gente!"
Los cuerpos convulsionan, sin palabras, cae el Silencio.
La Proclamación de Libertad fue anestesiada.
Mas un Fuego ardió en el alma de este cascarón—
Que hizo del vivir, ya no un hogar ni morada.

Fuimos bañados en Esperanza y en Sangre.
Por un Futuro que una vez heredamos—
Se ha perdido, nuestro rostro empapado, Fantasmas en el Lodo.
Los sueños se tornaron en inevitable Hiraeth.

Si son mis miembros lo que anhelas, tenlos.
Yo hallaré mi paz en Rebellium.

Oh, Ser un Ave

Si yo fuera un ave, querría dejarme llevar,
A la deriva en algún bote fluvial.
Sin aletear iría,
¿Por qué volar si puedo navegar
y robarme a mí mismo para la aventura?

Con mis trinos de golondrina provocaría,
A jóvenes y ancianos a bailar y cantar.
Mis huecos huesos no tendrían que moverse ni un guiño.
Y como las sirenas de antaño,
Antes de que siquiera lo notaran,
Con el horror en sus ojos,
batiría mis alas y me iría,
mientras ellos se hunden al fondo
en su vergüenza.

La Castidad de la Esperanza

Oh, esperar como quien se halla en el estado de necesitar esperar,
no puedo esperar con esperanza,
La expectativa que la creencia debe ratificar
—o más bien— gratificar,
pero no adheriré
a los rostros empapados que claman Ave María,
Ave Satán por igual, desde su postración indigna—
Ninguno existe con la capacidad de escuchar.

Una epifanía perdura en los cráneos de nociones clásicas:

—desesperanza—

Que quizá, ante la noción de la no-esperanza,
el acto de no esperar, no por alguien con mesianismo,
sino para romper la cáscara,
untar la yema sobre la sucia, seca de barro,
y piedra horneada por el sol—

una expresión orbe dorada de la no-esperanza,
muy parecida a los muertos,
emula una ofrenda de paz
que a tu propio semblante reclamaría,
Así,
Más aún—
no.
Sin una solución pragmática e ignorante.

Bichos

Tiemblo. Tiemblo. Tiemblo.
Mis alas retozan solo en la noche,
Mi lucha, una revolución sin fin
Dentro de mi vientre, mariposas
Se agitan. Se agitan. Se agitan.

Hago mis orugas para el siguiente ciclo,
Su capullo cristalino sintetizado
Se endurece como rocas por dentro,
Girando, dando vueltas—

--sin fin--

Se forma una pesadilla,
La Encrucijada de la Discordia,
Un cruce de caminos mío,
A lo Amargo. Teje. Abuela.

Oh, una maravillosa anfitriona,
Ella es, de romance cortesano,
Bailes dudosos, delicias de narcisos y muñecas— lo hace.
Tan ágil. Tan rápida.
Para una mujer antigua,
Conocer un par de trucos,
Con telarañas por cabellera.

Aunque, sus brazos no son— No son masa.
Espejo tonto, como—
Delgados, marchitos. Descompuestos.

Sin embargo, se mueve con vaivén,
Y su casa está abierta para todos,
Es como Jesús,
Dejándonos beber y comer de Ella.

Mi Última Voluntad y Testamento

El sol se fundió entre los espacios sombreados de las persianas,
Personas que una vez estuvieron cerca, ya no están,
las gafas muestran el reflejo de papel,
la pequeña pila de nosotros apretujados juntos.

Un topo de hombre se agacha sobre el caoba,
el cuero cruje, impresiona, abraza,
el sudor se adhiere a la piel, la desolación acaricia.
Los espíritus se ahogan en coca en el calor que se quiebra.

El anciano comienza,
A quien le concierne,
De mi único propietario, dejo a mi inmediato.
Mi patrimonio de enorme ingreso heredado por ti.

Mis más queridos y palomas,
Os dejo mi jardín encapsulado en castillo,
Desde altos balcones, donde se puede capturar el atardecer,
Mi propio deseo es que podáis aferrar el vuestro.

A mis hijos,
Las disculpas más sinceras son necesarias,
si os hubiera dado la oportunidad que merecéis.
La oportunidad de cambio, progreso, amor—
el peso de la realidad—
y cuando caigáis,
Os atraparía— os levantaría—
más alto de lo que jamás subí
en esta solitaria montaña mía.

A mis enemigos,
Me voy en paz,
Me iré en silencio—
rápido incluso, pero no para vosotros—

No, me iré por mi propia y rápida voluntad, para buscar un desafío más grande.
Porque lo sé.
He superado tus obstáculos.

Una mano arrugada, enjabonada, se extendió una vez más,
se inclinó hacia mí, entregando algo, tan suave como un susurro,

Por supuesto, lo que sea que yo pudiera llamar mío
ya sería tuyo, así que este ejecutor encarnado es tan inútil como esta caja
en la que me has metido.
No porque vaya a regresar, --a la mierda con eso--
sino por todos los horribles químicos que corromperán mi hermosa descomposición,
una éxtasis del descomponedor, quedaría para mí mismo.

Había esperado darle a la tierra sus merecidos postres,
un festín para los hongos—los que sostienen/rompen/recrean el mundo,
profundamente en el bosque calmaría,
incluso así, una imagen vívida de bestialidad,

Rápidamente, ¡oh, alejados están los náufragos de las costas arenosas!
De gaviotas, cangrejos, nematodos, fitoplancton, plásticos,
¡Un festín de proporciones infinitas sería lo que desearía ofrecer!—

Hasta que ojalá residiera,
en alguna orilla ordenada y arenosa,
donde descansaría por toda la eternidad,
antes que las palabras de amores pasados viajen perpetuamente,
ordenando un momento del menagerie de la mente.

Tu amor, quien vendría a tu pecho abierto,
lo hace, su calor tan real como el ritmo de tu corazón.
Pero en el limbo,
todas las cosas eternas sucumben a lo compuesto.
Nutrientes para el Sueño.

Su Cuerpo, se disipa,
Su amor, un beso de verano
se desmorona, suave como la arena, se aleja como un sueño,
Abrazado en un momento fugaz,
Aterrorizado por las crueles horas de rocío.

Tan pronto se rompe mi rostro, mis lágrimas hablarán,
una grieta desigual,
un abismo colmado de desdicha.
Desde el cual mi silencio ceremonial en lamentos,
resuena sin fricción.
En este lugar vacío.

Bruja

¿Cómo te atreves a acercarte a mí, en mi morada,
Sostener tu antorcha sobre mis escrituras?
Como si fuera encajar de manera ordenada y perfecta en el abismo de las llamas,
¿Quién eres tú para dictar mi spaktion?
Anticuada y maestra del demonio soy,
Guardiana, cuidadora de lo divino y lo ennegrecido.
Ninguna vergüenza caerá sobre ninguna de mis creaciones.
Si no me entiendes, no estás intentándolo lo suficiente,
Porque ostentoso es mi patrullaje lingüístico, ¿cómo podría ser yo aburrida?
¿Cómo puede alguien con un léxico como nebulosas y represión tener un patrón descontrolado para vivir?
¿Deben mis aspiraciones ser arrojadas de inmediato desde los arcos del timón del destino?
¿Deben mis sueños ser tan floridos y concisos como la débil coincidencia contra el tifón?
¿Debo permitir que una figura prominente se manifieste así, tome posesión de mi guarda?
¿Un invitado no deseado?
¿Venir a mi casa, mi hogar,
Beber y comer,
Dormir y deslizarse,
Cagar y orinar, y
Frotarse el trasero sobre mi alfombra?
¿Debo quedarme en silencio mientras este invasor personaliza su imagen?
¿Inquebrantados, mis labios no se separan en vergüenza absoluta?
¿No tienes ningún comentario sobre la traición absoluta
Contra la razón, debo permanecer como el muerto pacífico?
¿La conformidad en su silencio será el último suspiro de la esperanza?
¿Hasta el amanecer, cuando las cajas finalmente sean hackeadas
Profundamente pero no lo suficiente?
Este visitante sin restricciones se acerca con una pala en la mano.

¿Deben arrastrarme de vuelta a mi hogar que han concluido como suyo hasta el final?

Los sueños de la esperanza vienen a un costo de cordura,

Y ya no me importa.

Compartir mi naturaleza excéntrica parece afectar la fachada escrupulosa,

Una parte de la pieza original de la que vino con facilidad tras la resurrección. ¡He aquí la Verdad!

¡Corazón pisoteado! Pisoteado por la desesperación, un charcutero cubierto de cataratas.

El humo eterno se arrastra lentamente a través de la cripta de los nervios.

¡Pensé que sabía mucho mejor!

¡No era más que cadáver! Sostenido a través de una invocación divina, ¡para que pudiera sentirme refinado!

Descarado contra el ataque,

El humilde humano que ha anidado en moradas no bienvenidas, soy siervo de tu voluntad.

Tu hechizo me sujetó desde mi tierra suavizada,

Y me tiró a tu mandato,

Hundiéndome en la chimenea. Aunque soy no-muerto,

Y mi mente está a medio camino,

Todo mi esfuerzo se dedica a ti.

Encontrarme

Perdido en el silencio de las palabras,
la aflicción cae,
las presas atrapadas por el pensamiento
de telarañas y mentiras,
de la corrosión de los escorpiones.

Entre los montones de ovejas perdidas,
en medio de los lobos de los encontrados,
ocultos profundamente bajo las llanuras de la tristeza,

Como una jaula oxidada, retorcida con pelo,
un perro rabioso, infestado de sarna,
con la muerte en su aliento. Como el cadáver sobre el que se alimenta,
derramándose con pulgas,
he encontrado a mi ser.

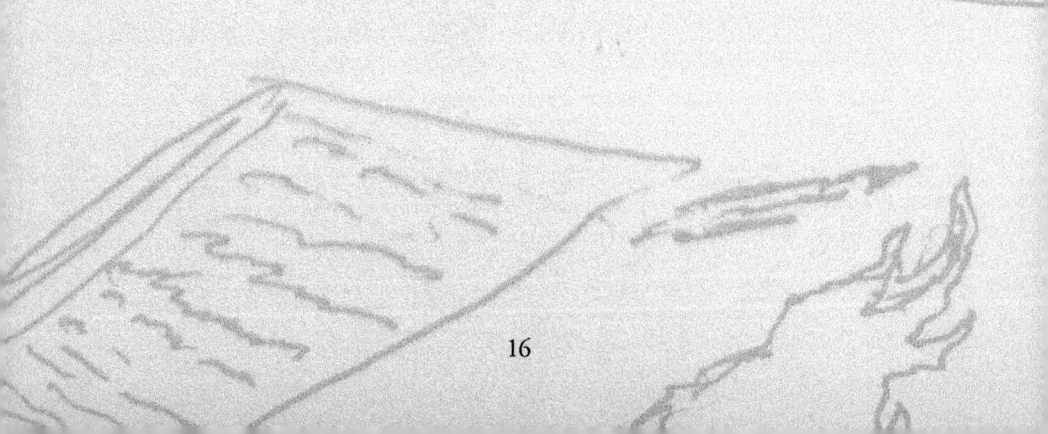

Rompecabezas

Me falta parte de mí, un poco aquí, un poco allá.
Ahogándome como una rata hinchada en agua clorada, volando como
Ícaro, demasiado cerca del sol.

Enterrado seis pies bajo los pies que pisan. Enterrado aún más profundo,
aullando por mantenerme. Enterrado hacia el centro,
Enterrado con joyas por desenterrar.

Un Ave del Paraíso, recogió un poco, un tornillo,
Lo trajo de vuelta brillando a su nido.
Let me know if you'd like any adjustments!

Pasado

Mis huesos son débiles, mi mente desgastada, yo, un alma, perdida y
asustada.
La grava que camino no es segura.
Una figura, sombreada y envuelta.
Las ventanas se cubren de escarcha, y el camino se vuelve frío, y me
recuerda los días de antaño.
Su voz, aunque sin sonido,
rompe las ondulaciones del suelo.
"Qué dulce el niño que mira hacia la madera,
De reverencia y recompensa,
De odio y miedo."
El suelo tiembla como un mástil impulsado por el viento,
Me siento humillado y mostrado mi oscuro pasado.
Roto y doblado,
Una vida caída y
Una vida malgastada.

Obedecer

Una súplica y una sangre que llena mi alma de esperanza, odio y amor. He sido golpeado por una enfermedad. Todos los ideales dejados para que los obstaculice sin tocar. La música de la más vil de las compañías llena mis oídos, y escucho las voces de los antiguos llamando.

Ven, más cerca,
Afianzamos el camino. Obedece.

Estas voces suenan en mi cabeza y estallan en mis oídos con sus demandas. Postrado en cama, permanezco a la merced de una flor tan delicada. Una flor con pétalos dorados y un tallo agradable. Su sonrisa acecha mis sueños de anhelo, Su aroma proyecta una sombra sobre mi nariz, y Sus ojos llaman a mi corazón.
Sueña, de cuerpos sudorosos,
Tan suaves como besos de pluma.
Obedece.

Las voces nunca me dejan; nunca me dejan ser. Soy acechado continuamente dentro de sombras ambientales que gimen. Debo tenerlas para mí. Es mi vida, mi necesidad, mi muerte que estará conmigo para siempre. Sobre el horizonte y sus maldiciones no puedo liberarme de su imagen sumergida.

Bebe, empápate, huesos. Obedece.

Hablan de un amor retorcido. Ella es firme y feroz, ellos son sombríos y espantosos. Temo por ella. Temo por mí. Debo mantenerla a salvo, de estos horribles restos de mi pasado, demonios que siegan en la noche. Recuerda mi amor, mi sudor. Aunque no pudieras sentir mi toque, escuchar mi voz, ver mis ojos. Me has dado vida, y ahora te daré mi muerte.

Toma su vida
Toma su vida.
Obedece

Es en este último garabato de lápiz y lo que supongo es papel donde susurro mi última súplica, amorosa. Al hijo que nunca tuve, a mi esposa que hubiera amado, perdóname. Hago todo esto por ti.

Obedece.
Haré todo lo que pueda para protegerte. Obedece.
Por ahora, te ruego tu perdón, y con el último trazo de mi pluma digo:
Obedece.

Los Orígenes Místicos

A través de mares hemos vagado, forajidos de lo aceptable. Sin local, sin
origen, sin hogar.
Siempre errantes a través de la maravilla.

Atroz es este Místico,
Un silbido, una imposición mejorada. Llama a tu retirada en repetición,
Las sirenas nos ahogarán.

La esperanza sigue al Místico,
Un oportuno de los Inclinados
Para reclinarse en Sus sillas de sueños
Un trono se desliza a lo largo de La mente rota.

En este perverso estatuto, El opio del poder se sitúa
Sobre los Menores.
El Místico se mantiene fiel.

En harapos Se consuman como conejos,
Y mucho para los comparables roedores,
Hasta que el líquido, lodoso, produce,
El Místico.

El Prodigio de los Sueños y la Realidad. Un niño ya no, sino el Objeto,
Un objeto de Imposición,
El Místico.

Afilado es el Cuchillo
Muerte y creación brillando por igual
Arrastrándose, Deslizándose bajo los suelos,
El Místico.

Su hoja más como garras,
Creada en deseo de carne y hueso,
Presagio de pesadillas y sangre,
La Luna permanecerá en silencio.

Y este silencio sostendrá la noche.
Un rehén de su propio solemne infortunio.
Ignorada, la luna llora,
Siempre perdida en su propio refugio.

Para aquellos que ruedan con su papel inherente,
Caen presa de la satisfacción.
La banshee vacía engendra una advertencia,
Uno vivirá y el otro morirá.

Y si ha de ser decidido
En lugar de heredado--
La Luna y el Místico,
Su sangre se secará,
Y el Hombre tendrá su plata líquida y su centeno.

Sueños

Mi vida: La Estatua: Un Marcador
La Carne: Un Todo Marmoleado: Mantenida en su lugar
El Alma: Prisión: Encarcelada
El Humano: Expresión Existencial: Dejados atrás
Esperanzas hacia el Futuro: Infierno Belicista: Guiado con plomo
Sueños del Pasado: Arados Silenciosos: Bandoleras de Dientes
Determinación: Ignorancia Febril: Tanques rellenos de Carne
Moral Misericordiosa: Indoctrinación: Un Sendero de Conquista y Uñas

Rostro Familiar

¿Vidrio?
¿De dónde vienes? ¿Cuál es tu propósito?
¿Quién eres?

Una ruptura, un cambio, una fusión, un moldeado
Reflejando quién soy.
De tus pensamientos nací, soy un eco.

Pero si he de ser el eco,
Prefiero ser el vidrio roto.

Dragado

De Esperanza, Paz, y Mente Clara es mi Deseo
Mientras cuelgo, goteando algo de mis labios. Es locura, tu viejo rostro
engendra—
Mis sueños de amor se han depreciado a sí mismos.

Cascada, mis piernas me llevan de una esquina
A otra, el Mundo
solo un viaje del Mundo de distancia.

Huyo de ti, esto no es un juego de pillarse.
No deseo ser recordado de tu picazón. He probado al Escondite, pero
eres demasiado bueno. Así que ahora todo lo que puedo hacer es Correr.

Pero si pudiera, sería Solo.
De esa manera, si empezara a llover,
Entonces, podría quedarme afuera,
Quedándome mojado, lejos de lo seco. Podría enmascarar mi dolor,
Esconderlo bajo las manchas de concreto,
Pero estoy atrapado.
Adentro,
alrededor de otros,
Que probablemente deseen lo mismo.

Rutina Americana

Haciendo lo que teníamos que hacer,
Es lo que ellos tenían que hacer.
Desde el barro en las trincheras
Hasta la sangre lloviendo desde las nubes.

Si Sus cuerpos no están llenos
Entonces Nuestros cuerpos estarán llenos.

Extrañamos a nuestros amigos,
Los reemplazamos con fantasmas.

De arena y barro estos Chicos
Son golpeados hasta convertirse en hombres,
Martillos contra sus cabezas.

Las armas suenan como campanas cristianas
Las campanadas y tonos son reemplazados por horóscopos
Visión túnel mientras cavan su propia tumba—
Trozos de personas tratados igual
Que trozos de barro.

Por Honor y Gloria Nos dijeron,
Como razones para
Enviar a los Chicos a presenciar,
Lo que era humano, en cambio era una realidad.

Por escándalos en sandalias enviamos a los Chicos a morir.
Este es un hecho más cercano a la realidad,
Ni tú ni yo nos importa identificar—
Las verdaderas amenazas para Nuestros hogares y Nuestras naciones—
Son realmente aquellos en sandalias, tanto de dedo como nudillos.

Eso está asignado a miles de millones, y los centavos que hemos de
barajar,
Sobre huesos rotos tanto de espalda como de rodilla,

Mientras los reyes del Congreso se doblan más que la pobre Stephanie
Y envían a nuestros niños a morir,
Nosotros hemos de mentir y esperar,
Recordando nuestras rutinas americanas.

Postura

Y cuando la niebla se disipa, los cuerpos toman su lugar, Una macabra
postura es espacio para sus huecos de los brazos.
Se necesita espacio para el encaje; no hay escape. Titiritero manejando
cachorros perdidos
Desde un acantilado. Aunque no importa.
Sus cuerdas se pudrieron antes de que su lazo los engañara.

Hecho a Mí Mismo

En profundidades dementes está mi cuerpo constituido.

Dimensiones defecando lo que una vez
Era voluptuoso; con margaritas, tulipanes, glorias matutinas
Y calendulas.

Todo podrido ahora. Yo
Creé este Odio.
Un epicentro de desdén.
He permitido los susurros traviesos de un cuervo de detestación
Corroer tu estación ordenada.

¡Anatemas! ¡Repulsión a tu lugar común y obligatorio! ¡Tu Pulso!
¡Detestación! ¡Alma, mi Alma!
¡Te he corroído!
¡Corrompí lo que una vez fue noble y alma
Con aversión, apatía y agnosia!
¡Mi dulce Alma!
¡Te infecté con mi afasia!

Ya no puedo ver tu cadáver rigido
Sujetar labios teñidos de rojo.
Una vez te pensé tan blanca como la nieve, Alma. ¡Mi Alma! ¡He
enviado demonios a tu cama!
Y han susurrado penas abatidas
A tus sueños.

Ya no puedo ver
Lo que quise ser,
Solo notando ahora lo que me he convertido.

Mi desdicha miserable
Araña una vez más,
Desgarrando mi carne débil en dos.
¿Cuánto debe uno sufrir, soportar el dolor
Antes de que las puertas abiertas del cielo dejen llover
La plata y el oro de nuestras manchas?

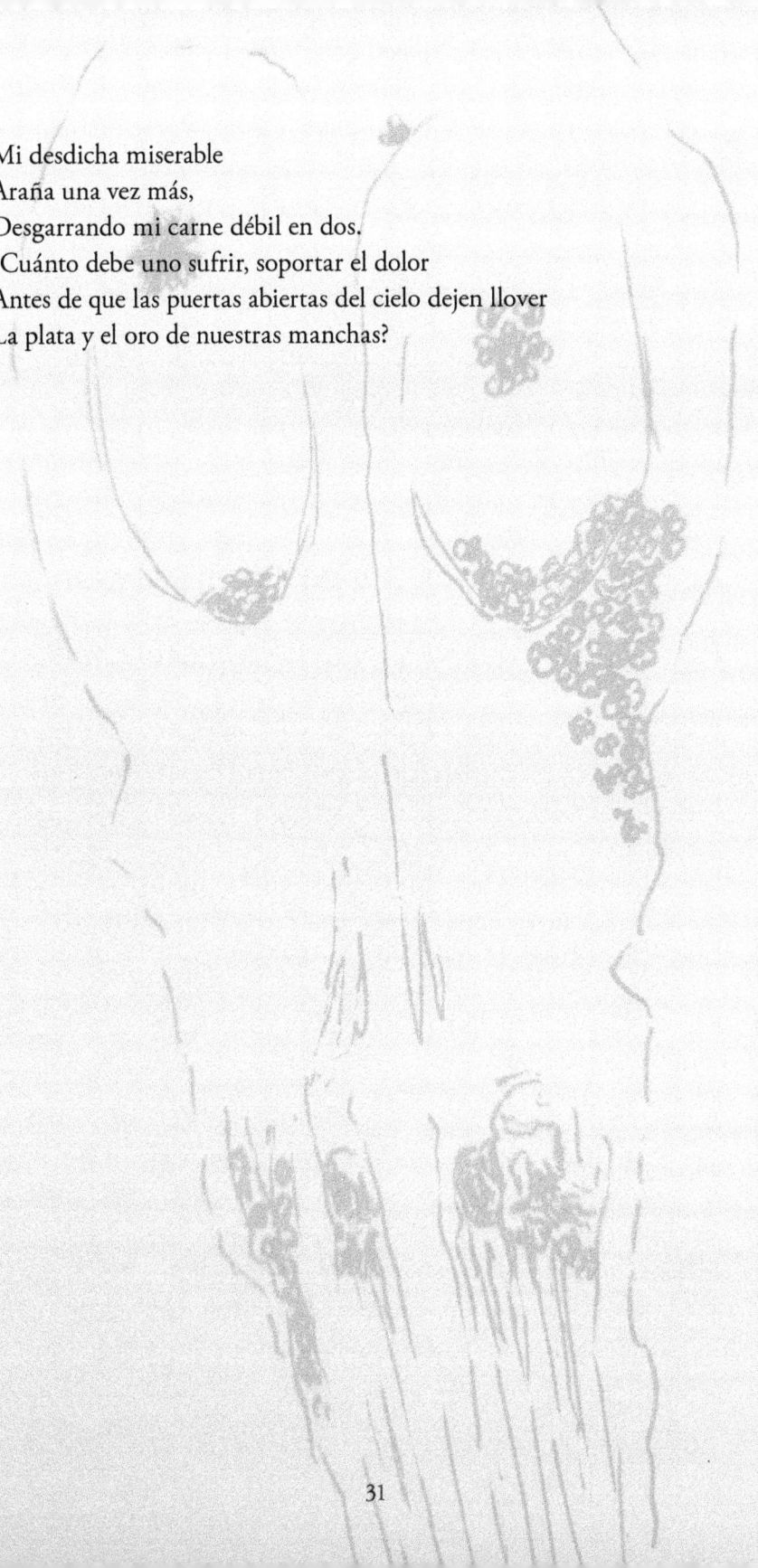

¿Traicionar?

¿Es el acto de docilidad un acto de pasivismo? Ser llamado,
Y atarse como un perro,
¿Es un acto de obediencia en esencia una traición a uno mismo?

Supongo que depende de hasta qué punto estás obedeciendo. ¿Estás
renunciando a algo?
¿Estás encadenado, prisionero, o encarcelado, con ambos o solo en mente
y cuerpo?

¿Pero qué pasa con el alma?
¿Es el acto o comportamiento de obedecer, ser obediente,
Un acto de autodestrucción?

Si es un acto de destrucción, esta obediencia expedita,
Entonces, ¿cuál es tu razón para destruirte a ti mismo?

¿Existe algo que no sea tangible dentro de un ámbito de plausibilidad
Para entrar en contacto con las manifestaciones físicas de conservaciones
desconcertantes?

¿Existe el Ser dentro del ámbito de plausibilidad? ¿Realmente existe?
Si existe, ¿con qué entra en contacto? ¿Qué influye?

Porque,
Si eres tú. Y no yo,

Entonces estamos hablando de ti

Y esto es sobre mí,
Ni siquiera sé cómo llegaste aquí. Pero aquí estamos,
Hundidos en nuestra convulsiva confusión
Vagando entre pensamientos maravillosos de queerismo y
heterosexualismo, Si significa algo o nada en absoluto.

Desliz Freudiano

Nuestros labios chisporroteaban, pero mis ojos se tornaron severos,
Y en nuestro amor, el almidón se volvió cada vez más áspero.
Me dijiste que no eras una persona que besaba,
Y ahora me encuentro siendo
Un peor oyente.

—————————

Estoy cayendo.
Hay hojas,
Y gritos.

Fracasando.
Estoy fracasando.
Hay lágrimas,
Pero no son mías.

Puedo oír casi nada,
Salvo una melodía.
Una suave armonía que va Bip. Bip. Bip.

Es música.
Música para mis oídos.
Tranquilidad entre sábanas.
Más y más rápido
Este ciclo
Es como teclas en el piano, ahora un crescendo.

Hacia los bordes
Del universo ahora vago.
Ya no fracaso en sostenerme,
Pues ya no estoy cayendo.
Estoy en órbita, aferrado.

Lo que abrazo no puedo ver,
Pero es en Tu órbita donde ya no existo.

Es girando a tu alrededor que puedo existir.
Empapándome de ti.
Atrincherado en tu imagen,
Usaré la agonía ardiente de la supernova
Para quemarte en mi retina.

Porque si he de perderte, me perdería a mí mismo
En los fuegos de la desesperación,
¡En las penas del desaliento!
Volvería a ser tu presa,
De tu *sanctus propagare*
No haré más caso.
A las voces con las que susurras
Esas mentiras insidiosas,
Apestan a oscuridad,
A plomo corrosivo que sangra,
Tus muñecas están moradas por la podredumbre,
Puedo ver los insectos reclamar tus venas.

Oh, mi otrora Dulce,
Ahora debo retirarme,
¡Cadáver! Estás destinada a yacer, muerta por el descanso eterno,
Y aún así, te arrastras y deslizas, brillando en rojo bajo la más pálida
noche lunar.

Y aun así te abstienes de donde deberías reinar,
Señor de la Decadencia,
Dama de la Putrefacción,
Duque del Éxtasis
Y Reina de la Profanación.
Te doy prestigio, mientras existo, cuerpo presente,
¡Exijo! ¡Ordeno! ¡Detente!
¡Ya! Tu abismal
Persecución tiránica.

Porque he adoptado,
Me he aclimatado,
He asfixiado,
Deformado,
Desnutrido,
Masacrado,
Obliterado,

Obstinado,
Ennegrecido
Tu credo.

He caído,
Sin poder sostenerme.
Atrincherado en tu dulce aroma,
Perdido en un prado de amapolas y sudor.

La Bestia

¡Heraldo de la Desolación! ¡He aquí!
¡Se acerca la más flagelada de las bestias!
¡Sus colmillos brillan con lo oculto tras venas veladas!
Su pelaje enmarañado e infestado de sarna reina en lo alto,
Su instinto, innegablemente embriagado con la sangre del hijo y de la
ramera,
¡De la más lastimosa contabilidad que mis ojos han presenciado!

Estoy impulsado por el miedo de lo que oigo, veo, huelo y toco.
He visto las fétidas fauces de esta horrenda abominación.
Se desliza desde tumbas y cloacas, por agujeros de casa y cuerpo.
Su mandíbula extrapolada de sus huesos rígidos.
Su cuerpo, más parecido al moho.
Una bestia atrincherada en lo antiguo he hallado al fin.
Pero si prestara atención al pasado,
Este momento no duraría.

Pues en el éxtasis del instante
Reconocí mi ignorancia.
Porque no fui *yo* quien halló al *Él*.
Sino *Él*, quien halló mi yugular.

N.º 2

Y así, dos ejércitos opuestos,
Entretejidos en combate,
Desataron fuego infernal sobre el populacho,
Como las olas de un tifón estrellándose
Contra una casa de naipes.

Remedio

¿Sabes? Esto me recuerda una historia:
Ella tenía un rostro bonito,
Y yo era un hombre con mi propio lugar.
Nuestras miradas chocaron con filo, como hielo,
Cortando entre los cuerpos del salón de baile.

Apenas recuerdo los lunares
Entre su nariz o sus ojos,
La cicatriz en su mejilla,
En su barbilla.

Un fantasma de silueta,
Sus arrugas alisadas por la niebla.
Su sonrisa, borrada como jabón en el vidrio de un auto.

Antes existían,
Ahora no.
Antes eternos,
Ya no más.

El verde de sus ojos,
Vuelto un azul pálido.
Su cabello dorado,
Tan oscuro como la tierra de tumba.

Su calor
Ahora simple espejismo, absorbido por las olas.
Antes un oasis,
Ahora perdido para siempre entre las dunas abatidas
De un alma desierta.

Atención Plena

Si tan solo una vez se me hubiera dado
La oportunidad de la felicidad,
Las ideas no existirían.

El Pelo Me Tapa los Ojos

o puedo ver una mierda.
Tu luz es demasiado brillante,
Faro no deseado.

Iluminándolo todo—
¿Cuánto has visto tú?

Yo no he visto nada.
Te gusta mi cabello largo,
Por eso lo mantengo limpio.

FUEL PUMP

FUEL PUMP

El Topo

En lo que una vez fue un agujero solemne,
Creció un topo solemne,
De donde debía demorarse.
Temeroso de lo que el sol revelaba claro,
Le prometió al Yo, querido,
Nunca poner pata,
Ni garra,
Sobre las trincheras áridas de los más poderosos defensores de la Tierra,
Los devoradores de petróleo y forjadores de sendas.

Prometió a la voz en su cabeza, hasta caer muerto:
"Jamás pronunciaré
Mi presencia sobre cuerpo ni ratón alguno.
En la tierra permaneceré
Y me abstendré del desdén
Que sin duda vendrá
Si mi meta fuera ser visto bajo tan viril y estéril escrutinio.
Sería quemado al instante.

Así que aquí yago,
Bajo roca y arcilla.
Contento en mi cueva,
Los túneles ofrecían un cónclave
De ecos desde donde emergen mis conversaciones.
¡No estoy solo!

¿Cómo podría ser tan solemne?

Con tantas voces con las que compartir
Y derramar mi delirio y temor visionario.

¿Por Qué Escribo?

¿Puedes hablar?
Extiende las manos—
Un abrazo obligatorio.

¿Puedes sentir calor?
Un latido de un latido
De hace un eón.

Yo no puedo hablar.
Nunca supe bien cómo.
Así que la gente habla por mí.

Y cada vez,
Me joden.

Motivación

Veo la marioneta.
Cuerdas atadas y articulaciones de madera.
Nunca sin ellas.
Su nariz incluso crece
Cuando aún creo que soy real.

Habitual

Solemne, me paro,
Pistola en mano.

Presiono su punta contra mis labios,
Envuelvo su brillo metálico y prístino
En el entre—
De mi boca—

Estoy nervioso, es mi primera vez,
No con el cañón,
Con la vida en su gatillo.

El acero se funde, lo he visto—
Ahora me derrito—
El cobarde demasiado asustado,
El cobarde tiene demasiado miedo al cambio.

Perro de Molino

Del granero nací,
Paja de plumería incómoda.
Mis gritos resuenan con el resto.
Los perros criados para la guerra.
Aullamos, lloramos,
Llamamos a la luna.

Nuestro salvador aislado,
¿Quién nos llevará cuando nos hayan quitado las patas para alimento?

Naturaleza

Siento la lluvia, siento el viento,
La carne de gallina no desestimará.

Los brotes silenciarán encuentros, mi corazón está aislado,
Mi mente un borroso estático.

Si es invierno cuando nieva, otoño cuando los insectos mueren,
Debe ser primavera entonces cuando lloro.

Un Árbol

Si fuera a ser
Algo, tal vez un árbol,
Quisiera ser un sauce llorón,
Porque toda mi vida he sido un llorón,
Y desde que mis ojos son cúmulos,
Mis extremidades, nimbo,
Y esas gotas de lluvia
No vinieron de la atmósfera.

Menos Que Uno

¿En qué eres, vas libremente?

Somos muchos
y, sin embargo, nuestros pies no pueden moverse con libertad.

Entonces, cuéntanos noticias,
Que han cruzado nuestro camino,
¿Cómo puede uno con menos que nada escapar
De todos los horrores, héroes, dioses y salvadores
En los que nunca ha creído,
Ni uno solo?

Ocho Extremidades para el Amor

Y aunque pueda causar dolor,
La figura de ocho extremidades desde lo más profundo del océano
comenzó a extenderse,
En busca de afecto.
Los ojos de los inocentes tocan una única nota solemne de deseo,
Que no llegaría a materializarse,
Más allá de los ojos rojizos de sangre del hombre,
Que corrompe y destruye con sus propias manos.

Fue a estos a quienes la bestia sintió fascinación,
Y quería ser abrazada fuertemente por los dígitos de un antropomorfo
bípedo.
Pero fue la traición del hombre
Y su incapacidad para sostenerse
Más allá de la guerra, y no del amor,
Aunque uno claramente es más difícil de cultivar que el otro.

Un infierno llovido desde arriba
Envió al ser desde abajo de vuelta
Al oscuro agujero de un único refugio,
Donde los ojos sombríos de la bestia lloran tinta negra salada en las
sombras de la tragedia.
La presión de un océano
Hizo sucumbir a la pobre criatura bajo
Las rocas ingrávidas de la eternidad.

Hank

De ningún terreno soberano,
Esta criatura,
No halló lugar para sostenerse en firme,
Donde una vez los ojos podían ver
La visión difusa,
Como ratas con prisa.

Su piel se sentía fina,
Como el almizcle mucoso,
Y el dolor soportado
Mataría a la mayoría de nosotros.

Se convirtieron en *Eso*,
Sin precisión alguna,
Transgresados,
Dos en Uno.

Su cuerpo se retorció y enredó, desgarrado y triturado,
Mutilado y disipado
Hasta reconfigurarse,
Mal colocado.

Perdieron sus recuerdos,
Y ya nacidos,
Quitados de casa tan pequeños como un bebé,
Nunca vivirían en la calma,
Obligados a desafiar la tormenta.

Contra sus vidas, ahora un token,
Uno despierto, el otro congelado,

No dicho.

Perdidos en el reino de los sueños.

Mientras su otra mitad rasga las costuras. ¿Cuánto falta para que Uno se convierta,
O es esta una historia
De cómo Uno se deshace?

Así que esperemos, pero nunca roguemos. Para incitar a los dioses,
Lo dejaríamos a ellos, la creencia en nuestro trabajo se hace,
Pero aún así, ellos se mueren de hambre,
casi todos.

Taza Pequeña con Flores en Ella

Taza pequeña,
Llenada de flores,
¿Qué existe en ti,
Qué poderes mágicos?

¿Son los recuerdos atrapados en tu aroma,
O está escondido, escrito entre tus pétalos?
Tus raíces no están firmemente plantadas, queridas pequeñas,
Y me temo que nuestro tiempo aquí es más bien corto,
Así que, aunque despiertes recuerdos que alegran,
Tendré que verte desvanecerte,
Igual que lo hice con aquellos en el terreno yermo,
Y también de una casa de cera.

HavnaughtRi

El sueño moribundo de un hombre viejo contemplaba un mundo de
maravillas,
y comenzó a construir una costura sobre los últimos días.
Olvidado en una habitación vacía, la luz brillaba únicamente a través de
una ventana sepia,
el espectáculo del crepúsculo estaba lleno de gafas de polvo.
En su sueño deseaba calor y luz;
no podía sentir el sol, no recordaba su lugar.
Así que se quedó allí soñando con cosas mejores que irse,
pues cuando llegó el momento, ni siquiera llovió,
la suave caricia del viento y las hojas por igual dejaron a un hombre viejo
y frío
cerca del poder del invierno.

Esto es conocido como un último día,
Se quedan solos, desconsolados, luchando contra su desesperación.

Sin embargo, uno debe esperar,
uno debe rezar,
Al menos en el camino.

Pero no hubo fortuna, ni tierra que obtener,
era su único sueño
De ser mejor visto,
Como alguien que sostenía
Algo más que ellos mismos,
O cualquier cosa que alguna vez tuvieron.

El Espacio del Armario es Todo Lugar

La silueta se encogió en la luz húmeda del baño decadente de su apartamento,
ante el reflejo de sombra indefinida,
donde sabía que sus demonios merodeaban.
Al principio, se conectó con el agudo golpe de la carne contra el cristal quebrado,
un derrame de pus goteando, loco, de las invisibles pestañas escondidas ahora
por los destellos de luz intermitentes.
Ya no era la silueta, algo absorbido entre hombre y sombra nacido.
En voz alta, este manto bajo se mueve, sofocado, no orgulloso de dejar ir
un golpe serendípico contra el reflejo que sabe ser el conocedor de cosas no dichas,
cosas que no deberían ir más lento,
así que apresuradamente va este pastiche a la ducha,
con la esperanza de recuperar la cordura de lo que goteaba de su muñeca
filtrándose con dolor, para lavar el error, simular la lluvia.
Cubre y se frota los ojos con el vidrio disfrazado bajo las mentiras de la carne imaginaria
con la esperanza de frotar fuera cualquier cosa que no sea pura.
Hasta que el solemne, húmedo cigarro de un hombre comienza a llorar
desde los suaves límites detrás de la puerta de una lata cerrada.
No es porque ahora haya cristal en su ojo,
sino tal vez por el precipicio que enfrentó antes
en tantas horas de tiempos pasados,
pero ahora es ahora, y entonces fue entonces.
Ahora vive con el conocimiento amargo de su propio corral de cerdos.

Pez Gato en el Cielo

¿Un pez gato en el cielo? ¿Cómo podría ser?
¿Algo realmente visto por ti o por mí?

Sin embargo, ahí está, tan grande como una ballena azul, tal vez incluso
más grande,
Con una enorme y falsa manzana gigante,
Con tallo y todo.

Su lengua es un tentáculo,
Sus ojos como remolinos de mármoles negros, llenos de estrellas y
galaxias,
Tal vez los robó de Tim.

Se queda en el cielo de una manera inexplicable por ti o por mí,
Así que supongo que deberíamos simplemente mirarlo,
Ya que nuestros teléfonos no funcionan.

Piernas de Bañera

¡Una bañera con piernas! Mientras ponderaba mis restos,
Saltó sobre sí misma un motor a vapor
Y se creó ojos con dos espejos barrocos de baño,
Y agua hirviendo para su licor.

Se inclinó diciendo "¿Cómo estás?"
Y me salpicó con agua caliente,
Mi cara también se derretía. Solo demuestra
Nunca confiar en una bañera que puede usar zapatos.

Cosas Pequeñas

De cosas pequeñas Succionadas y amamantadas
De las gotas de rocío de miel,
Por supuesto, solo en la tentación podemos encontrarles escondidas,
Cosmos estrellados, la esencia de la vida.
¡Oh, cuán efímera es esta,
El amor de un soñador,
Solo para desvanecerse--
Efímero es el bendito--
Reposa en momentos como este.
Efímera es la memoria
Del amor,
Del espíritu,
De cosas pequeñas amamantadas de la Madre Tierra,
Nuestra una vez ungida guardiana,
Ahora una prisionera marchita del cosecha.

Registros

Presión para hurgar,
Hurgar a través del suelo.
Nos enterramos y enterramos,
Cazando y hirviendo de mar a mar turbio.
No importa cuán profundo pongamos a nuestros muertos,
Aún cantan allí, bailando en nuestras cabezas.
¡Flotando! ¡Flotando! Gritan.
Río arriba, burbujeando
Como burbujas en un charco sucio,
Murmuran sus maldiciones subiendo a través del césped empapado.
Hurgar y hurgar desde el refugio hundido,
Donde los tesoros yacen profundos,
Y más profundo aún, guardaban secretos y pasiones
De razones y modas que atar al corazón.
Es un día solemne cuando se reconoce la parte destruida.

Cerebro

La electricidad crepita,
Arqueando recuerdos hacia las neuronas,
Chocando contra las olas que mi mente crea.

De izquierda a derecha,
De arriba a abajo,
Una falta de algo dentro.

Mi sangre puede hervir,
Mis pulmones se desmoronarán,
Mi corazón se rompió justo al principio.

Luego,
¿Es cuando yo
Descubro más de lo que se puede describir?
Detente.

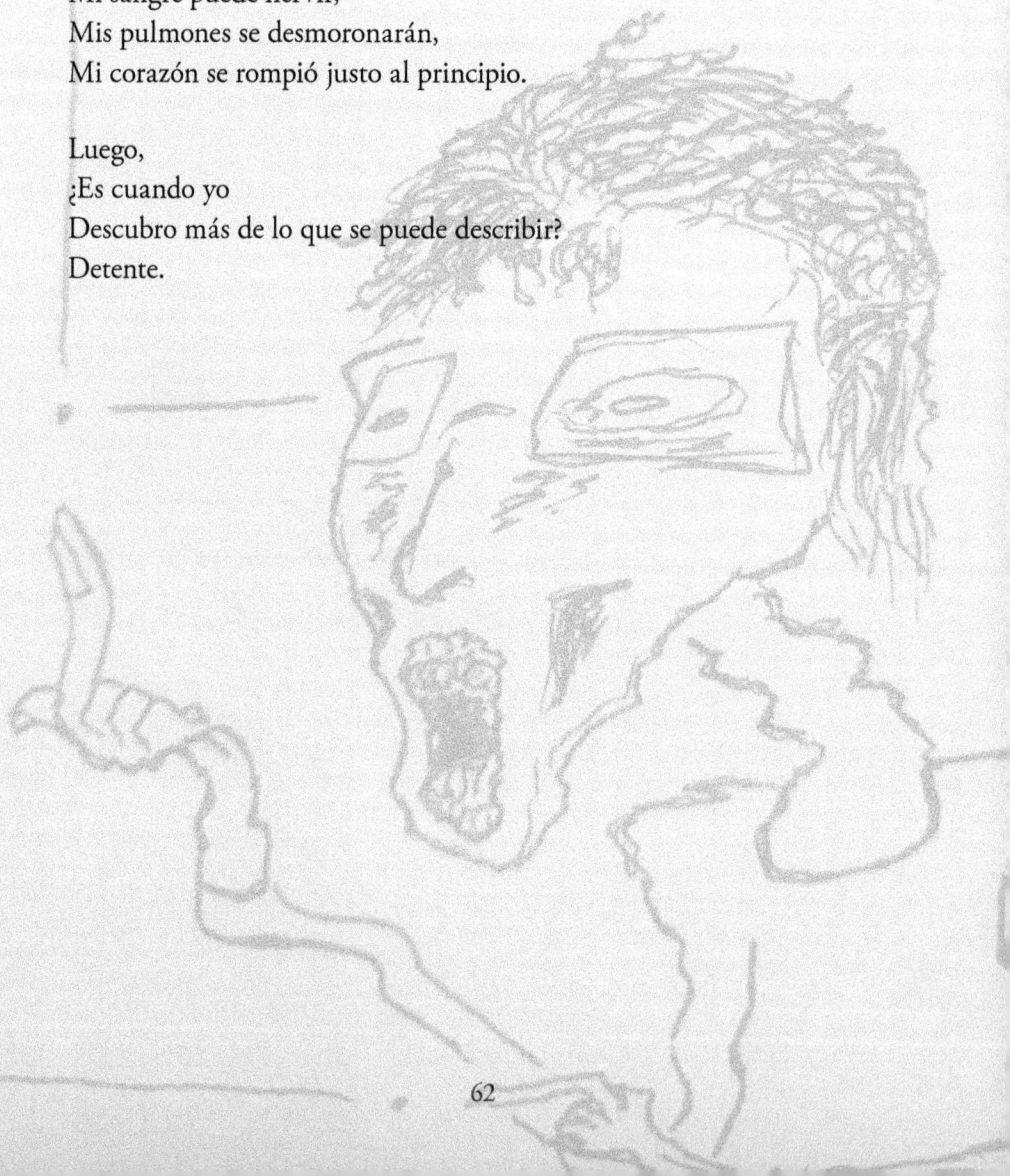

Corre tu Boca

Corre tu boca
Tan rápido como el chillido del Correcaminos,
Por el pavimento.
Te han pagado para mentir.

Cuerpos

Caucásicos corriendo
A lo largo de playas gentrificadas
Manteniendo fuera al local,
Manteniendo arriba al local.

El agua brilla
Más limpia que su sangre,
Aunque ¿cuál de ellas
Es su agua potable?
¿Cuál es mejor?
¿Coca-Cola o Pepsi?

De hecho, eso ya ha sido respondido;
Verás, la Coca-Cola fue creada antes de que las personas pudieran
almacenar comida
En lugares fríos, mientras que Pepsi lo fue.
Por naturaleza,
Estas dos bebidas separadas fueron hechas y existen
Como pequeñas reflexiones de sus pequeños momentos en la historia.

Oh, Rencor

Ah, la fresca y palpable brisa,
Un pequeño apretón y pronto la liberación hecha por el hombre,
Estornudos a lo largo de los bordes de tu nariz,
Condensándose, Carbonatándose, el azúcar besa tus labios cosquilleados.
No hay suficiente en este mundo,
No hay suficiente para mí ni para mis caprichos.
Tus burbujas escriben problemas.

El Fuego La Noche Anterior

Crepitando.
Cada tronco un sarcófago de caras gritando imaginadas
De lugares desconocidos.
La tierra apesta a su hedor de ceniza,
Las esperanzas de la Madre Tierra a menudo se encuentran en la
basura—
Vertederos, colmados hasta el borde con la inmundicia terrestre.
El plástico es el bocadillo nocturno de las llanuras.
Riéndose.
Cada brasa acariciada por el amor ambiental del viento
Llevada a algún lugar árido y desnudo.
Los bosques secos juegan con colores
Ya no rojos y naranjas,
Sino rosas y azules,
Prendiendo fuego a los falsos streamers felices
Que te marcan de por vida.

En Guardia Nocturna

Era una mañana fresca y fría de otoño. Estaba bebiendo a sorbos de la negra bebida de un mug de lata, las nubes se balanceaban y se movían como imitando las sirenas del mar.

La silla hecha a mano crujía y chillaba con cada "He estado aquí tanto tiempo ya."

Parece que ha pasado una eternidad...

...

No estoy solo, sin embargo. Los árboles, ellos susurran, sus voces vienen de los cuervos que se han alimentado de cadáveres, de allí sacan sus historias. De los murmullos y susurros de los moribundos y los muertos.

No he recibido correspondencia en bastante tiempo, el aullido del viento es ahora mi única fuente de noticias...

...

Los grillos comenzarán a cantar ahora, el sol acaricia la suave mejilla del horizonte, cortándose a lo largo del largo rango de las manchas silueteadas de las montañas. Las sombras se acercan, las mariposas son reemplazadas por las elegantes y gráciles polillas. Las nubes se ocultan, temerosas del escrutinio de las estrellas, se sumergen en sus refugios. Es Su luz, las suaves manos de Él y Ella que acarician las llanuras de Svanalae, las montañas de Haks Sashra Mae, los ríos de

Vinzienshen y los bosques de Ivbolenovaro; avanzadas para aquellos que no pueden ver bien en la noche.

El aullido del viento se suaviza como el llanto de un bebé, y esa es la señal para que el tono del día se desvanezca, pues la lucha de la noche está por llegar:

Hacia las sombras abrazadoras, las corrientes intermedias de Vinz, cruzando las grietas de Mae, saltando a través de los matorrales de Ivbol...

En lo oculto, tras la alta hierba y las hojas muertas,

Deslizándose a través de las tierras parcialmente planas de Svanalaese...

...

Con eso, todo ha quedado en silencio ahora, los grillos han silenciado su cacofonía sinfónica, el viento se filtra por la hierba y ya no es el sol el que trae a casa, la luna ha reclamado su legítimo reinado.

El brillo plateado de la luz lunar pulsa como la vida a través de las rendijas del tronco grueso y encorvado de los árboles -- Esos otorgando la tierra.

De la maleza surgió una ramita quebrándose...

Ahora, mi cabeza giró, mis ojos buscando como araña saltarina, buscando esos misteriosos, con ojos humanos defectuosos. Estos ojos son ojos perfectos; pueden desmenuzar las mentiras de hijos y rameras, aunque no haya diferencias reales; es la corteza del árbol la que guarda secretos y desesperación.

Una suave colocación de la palma, y de repente te das cuenta de que has estado buscando mal, porque la mayoría de las veces, con honestidad, las criaturas de la noche, llegarías a conocerlas.

Viven su propio sufrimiento. ¡El silencio ensordecedor que resuena!

¡Es un aguijón en las entrañas de aquellos que no resuenan con el filo afilado de la resonancia que causa la obliteración, es común! ¡Demasiado común! ¿No nacen los nacidos del día con los nacidos de la noche? Al igual que nuestros sueños del día, ellos también esperan ser aceptados y permanecer.

Entonces, si traes una hogaza de pan, y algo para acompañarla, te prometo que estas criaturas no te vestirán como un ciervo, sino que derramarán una lágrima al primer signo de compasión, ya no habrá más muecas violentas.

Dioses Arriba y Abajo

Sobre las puertas de perla estuve,
Larga vida y arrugas tenía,
Lleno de preguntas de una época más curiosa,
Tan joven como el mismo Universo.

"Lo hice para hacerte más fuerte."
"¿Cabrón?"
Yo era el Universo, yo era Todo, yo era Todo.

"Cabrón."

Yo era Todo

Las estrellas---7 hermanas y más
Los planetas---Desde Plutón, hasta Júpiter, hasta Marte
Las galaxias, la Vía Láctea y Andrómeda y más
Las nebulosas de tu ojo---
Gases y rocas y más!
Agua y hielo!
Yo era más.

Yo era Todo y Nada
Sabía absolutamente nada
y todo.
Primero fui Nada
Me hice algo
de cada pedazo de Existencia.
Nunca vine de Nada.

No me levantaste en esta Caja de Jabón de: Creación, Riqueza,
Compasión. No.
Yo mismo me subí allí. Y aquí estás,
Con tus sandalias rotas y desgastadas,
Pidiéndome el centro de atención.

Y, mientras los tontos bromean y los pájaros vuelan,
Mi corazón no vio mi perdición
en tus frías y muertas mentiras,
Te dejamos sobre el estrado,
Sobre nuestro trono dorado
Vanagloriando tu linaje
Sabiendo muy bien
Que el cáliz fue sacado del pozo
De sangre y huesos de la voluntad de mi familia.

Entonces me golpeó.
El áspero roce de un vestido rugoso.
Las quemaduras de alfombra alrededor de mi cuello.
Estrangulando,
Asfixiándome,
Hasta que acabé muerto.

La Casa

En un hogar
Donde vive una persona. El puede crear
Una mejor imagen de su vida Con su cerebro.
El poder del cerebro De su cerebro
Se puede crear
Una imagen que llenó con flores bonitas o
Una imagen que llenó con destruir vidas.

Las Raciones de Ratas

Escapando por rincones y grietas del yo.
Consumiendo migas de queso con regularidad poco saludables.

Buscando por una ración, Escurriendo por la razón de vivir.

De Los Sueños del hijos

Soy una idea,
Que significa,
El significado del día.
Como la luz que refleja la vida
En sus ojos,

Las sombras del alma
Gateando alto
Por tu columna vertebral
Y toman sus sueños
Sus corazones
Sus amores.

Soy una idea
De lo que podría ser vida
Si tuvieras algo de amor por mi
Pero ahora se llama obsesión.

No es más amor,
más como lujuria.
Sabanas lloran a nuestra soledad,
Los pájaros ya no cantan en nuestra ventana,
perros ya no sonríen ni mueven la cola cuando pasamos.

Yo pienso que este tiempo se terminó,
Mi cuerpo se cae en el hueco
Un vacío sin esperanza,
Y sueños de sudor dulce y regresión.

Mantener

Porque tú viviste en un lugar
Que tu mantienes
Más suave de lo que yo puedo.
Yo pienso que
No puedo mantenerte
De no amarme.

Como Yo Veo

No es necesario
Repuestar.
Yo vuelvo en el futuro
Para ver dónde estamos.
Y cuando encuentro nuestras vidas

porque Ellas están en universos diferentes.
Su corazón camina con amor por una otra.
Y mi propio se desvaneció como la sal o las arenas oscuras del tiempo.

La Estatua

Cuando Yo regresé hogar
Yo vi una estatua mía
Está sentada en el medio de la calle.
Había gente reunirse alrededor,
La ciudad que existía en silencio.
La estatua me recuerda a mi mismo
Con esos ojos que sangran lágrimas de seda en mármol.
Su boca, querida estatua, se la quieren todos,
El Clima ha erosionado su suave rostro.
Y los personajes que dijeron "¡Te Necesitamos, te Necesitamos!" son
silenciosos.
Sus brazos Estatua, te han robado los brazos.
¡Sus piernas Estatua! te han robado!
¡Qué triste! ¡Sus extremidades nunca fueron tuyas para mantenerlas,
¡Como ellos tratado su cuerpo es como yo trato mi cuerpo ahora¡
Nunca se nos permitió salir en caso de que la gente quisiera robar
nuestros cuerpos.
Así ahora lo hago repetir mis errores por un precio.

La Lluvia

Cae.
Caer más rápido que el cuerpo en cascada.
Agarra mi cuerpo, sostenme tiernamente cerca
A diferencia del sol de latón
que me golpea con su calor.
Abrázame.
Bésame.
Susurra tu amor al oído y dime que el mundo estará bien sin nosotros.

www.ingramcontent.com/pod-product-compliance
Lightning Source LLC
Chambersburg PA
CBHW041012140426
R18136500001B/R181365PG42813CBX00012B/1/J